ILLUSTRATIONS DE LA SAVOIE

# J.-B. MARCOZ

ASTRONOME

FONDATEUR DE L'ÉCOLE DE DESSIN LINÉAIRE

de Chambéry

CHAMBÉRY
IMPRIMERIE SAVOISIENNE 5, RUE DU CHATEAU

1890

## AVANT-PROPOS

*Suum cuique.*

Souvent, des hommes sans vrais talents, sans vertus et sans mérites d'aucune sorte, sont l'objet d'éloges pompeux, dans les journaux et dans des livres, quand ils disparaissent de la scène du monde.

D'autres hommes, au contraire, qui se sont distingués par la supériorité de leur intelligence, des travaux scientifiques ou littéraires remarquables et des bienfaits à leur pays, descendent dans la tombe environnés de l'indifférence publique qui se transforme bientôt peu à peu en oubli.

Parmi ces derniers, se trouve un enfant de la Savoie, mort depuis plus d'un demi-siècle, et dont le nom ne se recommande pas encore à la postérité par une étude biographique digne de lui.

C'est Jean-Baptiste Marcoz, docteur en médecine, mathématicien et astronome, qui, après avoir consacré sa vie entière au culte de la science, dota la ville de Chambéry d'une de ses plus belles institutions, l'Ecole de dessin linéaire appliqué aux arts et métiers.

En 1877 et 1878, deux anciens élèves de cette école, mus par un sentiment de reconnaissance, prirent l'initiative de rendre de légitimes hommages à la mémoire du savant et généreux fondateur trop longtemps oublié.

L'un, M. Jean Vallet, sculpteur, déploya toutes les ressources d'un réel talent artistique pour reproduire ses traits sur un buste en marbre dont la ville de Chambéry fit l'acquisition en 1883.

L'autre, M. Pierre Lachenal, entrepreneur, se livra aux plus actives recherches pour découvrir les traces et les souvenirs de l'existence de Marcoz. Il fit surtout un appel, qui devait être entendu, aux rares contemporains de Marcoz qui vivaient encore et aux érudits capables d'indiquer les sources où un biographe n'aurait qu'à recourir et à puiser.

MM. le général Dufour, l'infatigable glaneur de documents archéologiques et historiques dans les archives de Turin, André Folliet, député, collaborateur du dictionnaire Larousse, François Rabut, professeur d'histoire à Dijon, André Perrin, membre de l'Académie de Savoie,

Michel Carret, bibliothécaire de la ville de Chambéry, et le docteur Mottard, le fécond chroniqueur de la Maurienne, rivalisèrent de dévouement pour recueillir et adresser à M. Lachenal de précieux renseignements sur la naissance, la jeunesse, la vie et les œuvres de J.-B. Marcoz.

Le résultat de leurs recherches et de leurs indications sert de base à cette notice.

En acceptant la tâche de l'écrire, en 1882, l'auteur s'est particulièrement appliqué à remettre en lumière, en les coordonnant, les titres du savant à la célébrité. Pendant cette étude, Marcoz lui est en quelque sorte apparu, ses ouvrages sur l'astronomie à la main, réclamant la place qu'il s'est préparée dans la galerie des hommes illustres de la Savoie, à côté des Millet de Challes, des Fodéré et des Berthollet.

# J.-B. MARCOZ

## ASTRONOME SAVOYARD

## FONDATEUR DE L'ÉCOLE DE DESSIN LINÉAIRE

## DE CHAMBÉRY

### I

Jean-Baptiste Marcoz, issu d'une honorable famille d'agriculteurs du village de Jarrier, en Maurienne, est né le 18 août 1759.

L'instruction élémentaire qu'il reçut dans son enfance fit naitre en lui un goût précoce pour les hautes études. Ce goût, fortifié par une heureuse mémoire et l'activité d'une grande intelligence, se développa rapidement au collège de Saint-Jean de Maurienne, où il fut envoyé de bonne heure.

Son père, chrétien fervent, l'avait confié aux religieux qui dirigeaient cet établissement avec l'espoir qu'il se vouerait à l'état ecclésiastique. Là, il se livra avec ardeur à l'étude du latin et des autres connaissances classiques. Mais, peu à peu, son jeune esprit se laissa captiver tout entier par les sciences naturelles et les mathématiques dont les premières notions lui étaient enseignées. C'est dire qu'il ne se sentait aucune vocation pour le ministère sacerdotal ; aussi résista-t-il aux pieux désirs exprimés par sa famille et ses professeurs de le voir s'y engager en entrant au Grand-Séminaire (1).

J.-B. Marcoz n'était âgé que de quinze ans lorsqu'il subit avec succès les examens de *Maîtrise*. Ce grade universitaire était, dans les Etats de la Maison de Savoie, une première porte ouverte devant les jeunes gens qui se destinaient aux professions libérales.

Le moment arrivé de choisir une de ces professions, il se décida pour la médecine.

Les registres de l'Université de Turin, où il fut admis comme étudiant, relatent qu'il obtint le 24 décembre 1779 le diplôme de bachelier ; le 8 juin 1781, celui de la licence, et qu'il fut couronné, le 2 mai 1782, de la *laurea*, qui lui donnait le titre de docteur. La thèse qu'il soutint devant la Faculté de médecine traitait des causes des fièvres intermittentes, de leurs déve-

(1) Trois frères, nés après lui, entrèrent dans les Ordres. Le dernier, Pierre-Antoine Marcoz, est mort en 1846, chanoine titulaire du Chapitre de Saint-Jean de Maurienne. Le docteur Mottard lui a consacré une notice biographique, insérée dans le *Courrier des Alpes* du 16 avril 1846.

loppements morbides et des propriétés curatives du quinquina (1).

Après avoir prolongé de deux ans son séjour à Turin pour acquérir, dans les hôpitaux, les connaissances pratiques nécessaires à l'exercice de la médecine, il revint en Savoie et se fixa à Saint-Jean de Maurienne.

Marcoz sentit bientôt que la profession qu'il avait embrassée ne convenait pas plus à son caractère et à ses aptitudes que l'état ecclésiastique. Il y renonça pour se livrer tout entier à l'étude des sciences naturelles et des mathématiques, qui eurent pour lui les plus puissants attraits pendant les premières années de sa jeunesse.

Un savant distingué de notre pays l'encourageait, d'ailleurs, à suivre cette voie et l'y dirigeait avec les élans d'une réelle amitié. C'était Vichard de Saint-Réal, auteur de plusieurs ouvrages estimés sur la physique, la chimie et la minéralogie, et cité comme l'émule de M. de Saussure dans l'histoire naturelle des Alpes (2). Ce descendant de la famille savoyarde qu'avait déjà illustrée, au siècle précédent, l'abbé littérateur César de Saint-Réal, administrait alors, comme intendant,

(1) Un exemplaire de cette thèse remarquable, écrite en latin, est conservée à la bibliothèque de la ville de Chambéry.

(2) Grillet, *Dict. hist.*, tome III, p. 263.

la province de Maurienne. Tout le temps qu'il dérobait à l'exercice de ses fonctions était consacré à Marcoz. Il était heureux de faire avec lui de longues excursions dans les montagnes pour y étudier les merveilles de la flore et les révélations de la science géologique sur ces hautes régions. Souvent, à la suite de ces courses fatigantes, mais pleines de charmes pour eux, ils ne cherchaient d'autres délassements qu'en se plongeant dans les calculs transcendants des mathématiques. Ils se livraient aussi avec passion aux expériences les plus intéressantes de la chimie moderne dont les lois venaient d'être découvertes et formulées par leur célèbre compatriote Berthollet.

Les premiers essais connus de J.-B. Marcoz en productions scientifiques sont deux mémoires qu'il adressa, le 15 décembre 1791, à l'Académie des sciences de Turin (1). Divers problèmes difficiles à résoudre y étaient hardiment traités. Les solutions formulées par leur auteur furent l'objet d'une mention élogieuse dans le rap-

(1) Ils avaient pour titres : 1° *Linearum rectarum divisio in quotlibet partes equales per lineas rectas et circulares* ; 2° *Des équations dont s'évanouissent deux termes affectés à l'inconnu.*

port de la commission d'académiciens chargés de les examiner (1).

Comme on le verra plus loin, Marcoz trouva dans l'étude soutenue des mathématiques la clef des autres connaissances scientifiques qu'il cultiva avec constance pendant toute sa vie.

## II

La Révolution française de 89 venait de découvrir aux yeux des peuples de l'Europe des horizons politiques nouveaux qui apparurent comme ceux d'une ère de régénération sociale et de félicité universelle.

Le retentissement des acclamations à la *Liberté*, à l'*Egalité* et à la *Fraternité* couvrait alors les premiers et sourds grondements de la tempête qui devait bientôt tout bouleverser, renverser les trônes et jeter l'épouvante dans le monde civilisé tout entier.

A cette époque, Marcoz avait trente ans. Il appartenait donc à cette génération déjà arrivée à l'âge d'homme qui accueillait avec enthousiasme les espérances dont tous les esprits étaient alors charmés.

Il fit naturellement des vœux pour

(1) *Mémoires de l'Académie des sciences de Turin*, 1re série, Xe vol., p. LXXVIII.

que le roi Victor-Amédée III suivit l'exemple de Louis XVI posant les bases d'une nouvelle constitution à côté de l'édifice ébranlé de l'ancien régime en France. Son attente étant trompée, il se rallia au mouvement d'idées qui favorisa la réunion de la Savoie à la France après l'invasion armée de 1792 (1).

La notoriété attachée à son nom et à sa personne le fit comprendre dans le nombre des citoyens de Saint-Jean de Maurienne choisis pour constituer la municipalité de cette ville sous le régime républicain. Le 16 décembre 1792, il fut désigné pour faire partie de la députation envoyée à Chambéry auprès des commissaires de la République française (2).

Le 17 février 1793, les électeurs du second degré de la Savoie étaient ap-

(1) Il est juste d'observer ici que la Savoie possédait depuis longtemps la plupart des réformes que réclamaient les innovateurs français. Dans notre pays, les Royales Constitutions donnaient au droit et aux formes judiciaires la fixité indispensable; les servitudes féodales étaient abolies ; l'égalité devant l'impôt existait.

(2) Le registre des délibérations de la municipalité de Saint-Jean de Maurienne mentionne le désintéressement de Marcoz, refusant l'indemnité de voyage et de représentation allouée, dans cette circonstance, par la commune à ses mandataires.

pelés à nommer leurs représentants à la Convention nationale. Marcoz, élu pour la province de Maurienne, fut admis, le mois suivant, à siéger dans la fameuse Assemblée.

Son rôle politique fut celui d'un législateur modéré, partisan éclairé de toutes les réformes nécessaires et utiles entreprises en 1789. Il ne dissimulait pas sa profonde répulsion pour les mesures anarchiques et violentes qui couvrirent de ruines et inondèrent de sang la voie du progrès et de la liberté sur laquelle la nation française s'était engagée avec confiance.

Aussi fut-il du nombre des rares représentants que le dégoût fit tenir à l'écart des séances les plus orageuses de 1793 et 1794. Il ne se décida à reprendre assidûment sa place à la Convention qu'après le 9 Thermidor. Désigné par le sort pour faire partie de la commission chargée d'examiner la conduite de Carrier, à Nantes, il vota la mise en accusation de ce représentant.

Un trait de sa vie, à cette époque, qui honore beaucoup son caractère, trouve sa place ici.

Condorcet venait d'être décrété d'arrestation et d'accusation par le Comité de Salut public, sur la dénonciation de traitre à la patrie de l'ex-capucin Chabot, l'un des plus fougueux membres de la Convention. Il échappa aux poursuites dirigées contre lui grâce à une femme généreuse qu'il n'avait jamais connue, et qui lui offrit un refuge secret chez elle.

Marcoz habitait la même maison. Un jour qu'il montait l'escalier conduisant à sa chambre, il rencontra Condorcet ; mais il ne le reconnut pas sous son déguisement. Le célèbre proscrit ne pouvait pas compter longtemps sur la sécurité de l'incognito que son collègue et voisin découvrirait sans doute, tôt ou tard, dans une nouvelle rencontre. Il fit part de ses inquiétudes à son hôte dévouée. Celle-ci lui dit aussitôt : « Attendez, je vais arranger cette affaire. »

Elle monta chez Marcoz, et sans aucun préambule, lui adressa ces paroles :

« Le citoyen Condorcet demeure sous le même toit que vous ; si on l'arrête, c'est vous qui l'aurez dénoncé ; s'il périt, c'est vous qui aurez fait tomber sa tête. Vous êtes un honnête homme, je n'ai pas besoin de vous en dire davantage. »

Cette noble confiance ne fut pas trahie. Marcoz fit plus que de s'en rendre digne en entrant, au péril de sa vie, en relation directe avec Condorcet. Il charmait sa solitude et soutenait son courage en passant de longues heures avec lui et lui procurait les livres dont il avait besoin pour l'achèvement de son *Esquisse historique de l'entendement humain*.

Condorcet lut, plus tard, dans un journal, le décret qui vouait à la mort quiconque avait caché un proscrit. Il fut épouvanté du danger qui menaçait dès lors son hôte et Marcoz; aussi n'hésita-t-il pas à s'enfuir de la maison hospitalière qui l'avait soustrait à la rage de ses ennemis, au pouvoir desquels il ne tarda pas à tomber (1).

A la suite des événements qui firent dissoudre la Convention en 1795, Marcoz fut réélu député de la Savoie au Conseil des Cinq-Cents. Dans cette nouvelle assemblée, il fit partie de diverses commissions où la rectitude de son jugement dans l'étude des projets qui leur étaient soumis s'allia toujours à des connaissances basées sur des certitudes mathématiques. Il fut un des membres les plus compétents du groupe de représentants chargés de dresser les règlements d'un nouveau système de poids et mesures,

(1) Œuvres de François Arago : *Biographie de Condorcet*, p. 213, et *Dictionnaire biographique des contemporains*. art. *Condorcet*, tome Ier, p. 1043.

adopté sous le titre de *Système métrique* (1).

Le 1er prairial an V (mai 1797), le tirage au sort pour le renouvellement du premier tiers du Conseil des Cinq-Cents le comprit dans le nombre des députés sortants. Le rôle politique et législatif de Marcoz était ainsi fini. Il rentra en Savoie pour se replonger avec bonheur dans les études scientifiques qu'il avait été obligé d'abandonner depuis 1793.

## III

En 1796, une Ecole centrale pour le département du Mont-Blanc fut fondée à Chambéry.

Les noms de la plupart des professeurs qui en occupèrent les chaires sont liés à d'honorables souvenirs pour la Savoie que nous aurons l'occasion de rappeler plus loin (2).

(1) Il devait encore être chargé, en 1799, avec Boisset, professeur comme lui à l'Ecole centrale du Mont-Blanc, et d'autres savants, de dresser le tableau des anciens poids et mesures de la Savoie, comparés à ceux du nouveau système.

(2) C'étaient Bise, pour l'enseignement des langues vivantes ; Raymond, pour l'histoire et la géographie ; Marin, pour les belles-lettres ; Dacquin, pour l'histoire naturelle ; Boisset, pour la physique et la chimie expérimentales, et Piccolet, pour la législation.

L'année suivante, Marcoz fut appelé à occuper la chaire de la classe des mathématiques supérieures.

Afin de faire apprécier la haute idée qu'il se faisait de l'enseignement qui lui était confié, il nous suffira de citer l'un des comptes-rendus des travaux de ses élèves. C'est un exposé clair et précis d'une méthode d'études bien loin alors d'être mise en pratique dans les établissements scolaires.

L'auteur commençait par poser en principe que, pour entreprendre avec fruit l'étude des sciences physiques et des sciences morales, l'homme a besoin d'acquérir, d'abord, par des notions exactes, les moyens de juger avec précision les rapports des objets entre eux.

« C'est à quoi, ajoutait-il, sont éminemment propres les mathématiques qui, d'ailleurs, présentent dans les calculs de la grandeur l'introduction nécessaire et commune à toutes les sciences. Elles en sont la base, et elles seules peuvent conduire désormais l'élève dans l'étude des sciences. Sans elles, il marcherait en aveugle ; il ne pourrait acquérir que des connaissances vagues et bornées ; il ne pourrait faire un seul pas dans les sciences physico-mathématiques qui ont aujourd'hui tant d'influence sur

2

l'agrandissement de la sphère des connaissances humaines et sur la prospérité sociale.

« Outre cet avantage souverain des mathématiques, considérées dans l'échelle de l'enseignement, elles initient encore à une foule de connaissances d'une utilité et d'une application immédiates, soit aux arts distincts, soit aux circonstances journalières de l'existence, où leurs résultats sont d'un usage continuel.

« S'agit-il ensuite de se livrer aux études morales ? Les mathématiques fournissent encore la méthode par excellence. Elles ont jeté dans l'esprit les bases de la saine logique et l'ont disposé à savoir faire usage de ses facultés. L'analyse mathématique a fourni le modèle de toutes les analyses, de toutes les méthodes et des langues bien faites. » (1)

Ces lignes datent d'une époque déjà éloignée où l'instruction publique en France s'affranchissait avec peine des dernières entraves de la scolastique du moyen-âge, et cependant elles semblent être sorties de la plume d'un grand-

(1) *Compte-rendu des travaux et des examens publics des élèves de l'Ecole centrale du département du Mont-Blanc.* 1er Vendémiaire, an VIII. Cours de mathématiques ; professeur, J.-B. Marcoz.

maître de l'Université de nos jours.

Marcoz observa lui-même, avec fidélité, la règle, exposée dans le compte-rendu que nous venons de citer, de baser les études scientifiques sur les connaissances mathématiques. C'est ainsi qu'il acquit le don de procéder avec précision dans ses calculs de géométrie astronomique. C'est encore ainsi qu'il se rendit facile l'usage des moyens de développer les arguments d'une saine logique dans la déduction des problèmes qu'il résolut.

## IV

Le professorat de Marcoz à l'Ecole centrale du Mont-Blanc ne dura que cinq ans. Il l'abandonna dans des circonstances où se révéla la mâle indépendance de son caractère.

C'était à l'époque où Bonaparte, premier Consul, ambitionnait déjà le trône qu'il devait attendre après avoir reporté, par ses conquêtes, les frontières de la France aux extrêmes limites de l'Europe. Il venait d'imposer à l'Université des règlements qui avaient pour but exclusif de former la jeunesse au métier des armes. L'autorité du corps enseignant était subordonnée au commandement des caporaux instructeurs. Ces derniers étaient chargés, dans les établissements d'instruction publique, de la direction d'exercices militaires qui absorbaient presque tout le temps des autres études.

Marcoz sentit sa dignité de professeur froissée par ce système tyrannique qui transformait en casernes les collèges et les lycées. Plutôt que de s'y soumettre, pour continuer une carrière qui promettait de devenir brillante, il préféra se faire l'esclave de la science dans le calme et le silence de l'obscurité. Il donna sa démission et se retira dans sa propriété du Petit-Barberaz, où devait s'écouler le reste de sa vie.

C'est là que, pendant trente ans, il enrichit sa mémoire du fruit de recherches bibliographiques dignes d'un bénédictin. Aucun des innombrables ouvrages qui composaient sa bibliothèque ne lui était inconnu. Quand il n'était pas plongé dans ses calculs mathématiques favoris, il ne se lassait pas d'y puiser des connaissances solides en philologie, en histoire, en sciences naturelles et même en théologie.

Au milieu de cet amas de productions scientifiques et littéraires, son esprit ressemblait à l'abeille voltigeant sur les fleurs de différentes espèces des prairies pour butiner les sucs du miel qu'elle élabore ensuite dans la ruche. En effet, ses lectures avaient pour but de recueillir les divers matériaux qui pouvaient se rapporter à l'œuvre capitale de son existence, ses ouvrages sur l'astronomie.

Il avait transformé en observatoire un pavillon que l'on remarque encore sur le mur de clôture de la villa qui lui servit de demeure. Là, pendant les nuits calmes et sereines, et les yeux fixés sur le ciel, il étudiait, pour les calculer ensuite, la marche et la gravitation des corps planétaires dans leurs majestueux orbites (1).

## V

Marcoz avait commencé la composition de son premier ouvrage sur l'astronomie pendant les loisirs que lui

(1) Des vieillards, habitant la commune du Petit-Barberaz, ont conservé le souvenir des impressions de leur enfance, à la vue de Marcoz, dans son pavillon, livré à ses observations nocturnes. L'un d'eux nous l'a représenté, environné de ses instruments d'optique, vêtu d'une robe de chambre à grands ramages et coiffé d'un bonnet orné de rubans rouges, accoutrement qui lui donnait l'aspect d'un astrologue du Moyen-Age.

laissaient son enseignement à l'Ecole centrale. Quand il l'eut achevée, sa trop grande modestie l'empêcha de la livrer aussitôt à l'impression. C'est en vain que ses amis lui donnaient l'assurance que son œuvre, dont ils avaient lu le manuscrit, était digne d'affronter le jour de la publicité. Il leur résistait avec l'entêtement du montagnard, en avouant sa crainte d'exposer son amour-propre aux blessures d'une critique malveillante.

Albanis-Beaumont parvint enfin à vaincre cette timidité et à dissiper ces scrupules. Ce fut par une note insérée en sa faveur dans le tableau historique et statistique de la Savoie qui fait partie du magnifique ouvrage : *Description des Alpes Grecques et Cottiennes* (1). Dans la désignation des Savoyards qui cultivaient avec succès les lettres, les sciences et les arts, Marcoz était mentionné en ces termes : « Ex-représentant, élève de Saint-Réal, mathématicien et naturaliste distingué Ce savant est à la veille de donner un ouvrage plein d'érudition sur l'histoire ancienne des Chaldéens. » (2)

Marcoz ne pouvait prolonger l'a-

(1) Paris, 1802. 2 vol in-4° avec un atlas in-folio.

(2) Première partie, tome II, p. 346.

journement de la publication de son travail sans infliger un démenti à la bienveillance du célèbre écrivain. En conséquence, il le fit imprimer sous le titre de *La vraie durée de l'année solaire et du mois lunaire d'Hipparque et de Ptolémée* (1).

Ce n'est qu'une simple brochure ; mais elle est plus substantielle que bien de gros volumes. Au mérite d'une vaste érudition et de la justesse dans les remarques historiques et critiques, s'ajoutait celui d'un style pur et coloré.

L'auteur remontait d'abord aux temps les plus reculés des Assyriens, des Chaldéens, des Egyptiens et des Indiens pour découvrir le véritable sens des anciennes allégories qui confondaient les mouvements des astres avec les mystères des religions.

Cette étude préliminaire était suivie des calculs les plus abstraits sur les périodes de temps dont se composent les deux révolutions célestes qui intéressent le plus les hommes ; c'est-à-dire celle du soleil et celle de la lune. Les résultats de ses calculs étaient les significations réelles qu'il faut attribuer aux déterminations mystérieuses des anciens astronomes.

Marcoz se basait sur les tables

(1) Chambéry, 1803, imprimerie Gorin.

d'Hipparque et de Ptolémée. Il comparait ensuite ces tables aux observations et aux calculs des Arabes et des Persans qui commencèrent à déchirer le voile dont s'enveloppait avant eux la science des mouvements des astres.

Dans la conclusion de son ouvrage, il conviait les savants à explorer les régions scientifiques de l'antiquité, où son esprit venait de s'élever au moyen de la double échelle de l'érudition et des mathématiques.

« L'état futur des cieux, ajoutait-il, est bien encore à la disposition des astronomes des siècles à venir, auxquels les modernes transmettront une science portée au plus haut degré de perfection et digne de servir de comparaison à tous les résultats de leurs plus délicates observations.

« Mais les véritables connaissances astronomiques, fruit de longues observations des temps anciens du monde, et qui sont aussi très exactes, seraient totalement perdues, et cette perte serait irréparable, si on ne pouvait pas les arracher au génie allégorique de l'antiquité. C'est donc à pénétrer un secret si important que doivent tendre les efforts de ceux qui s'intéressent au perfectionnement de la plus sublime des sciences humaines. »

Ainsi, Marcoz était convaincu que

l'on peut trouver dans les éléments de l'astronomie ancienne les termes de comparaisons nécessaires aux démonstrations de la science moderne. En effet, c'est en puisant lui-même aux sources dont il dévoilait la fécondité qu'il découvrit par ses calculs la vraie durée de l'année solaire d'Hipparque et celle du mois lunaire de Ptolémée.

Il abordait, en outre, un problème bien plus grave posé par les Brâmes indiens, celui de la durée que doit avoir le monde. Il ne désespérait pas de le résoudre un jour (1).

## VI

La publication de l'ouvrage de Marcoz ne fut signalée au monde de la science que par une simple mention, à la suite de son titre, dans un bulletin bibliographique de l'année 1804 (2), ainsi conçue :

« Cet ouvrage révèle chez son auteur des connaissances profondes

(1) D'après les Brâmes, cette durée aurait été celle d'une période de 24,000 ans, calculée sur les révolutions entières des sept planètes qui gouvernent l'univers. V. Bailly : *Astronomie indienne*, p. 218 et suiv.

(2) Paris, librairie pour les Mathématiques de Duprat, quai des Augustins.

et variées. Il est digne de l'attention des savants initiés aux secrets de l'astronomie ancienne, et de tous ceux qui cultivent les sciences d'observation et mathématiques, sur les traces des Newton, des Kepler, des Lalandre et des Laplace. »

Une semblable mention serait considérée aujourd'hui comme une réclame banale du commerce de la librairie. Mais elle exprimait, dans sa brièveté, la réalité d'un vrai mérite.

Les commissions de la censure qui imposaient à la presse, en France, les entraves les plus arbitraires, tenaient Marcoz pour suspect d'hostilité au gouvernement, par suite de sa démission de professeur. Elles n'auraient pas permis aux journaux et aux Revues scientifiques de se faire, sans restrictions, les organes d'une critique éclairée et élogieuse.

Cette époque fut féconde en productions littéraires et scientifiques. Mais la plupart des ouvrages destinés à un grand retentissement n'évitaient le *veto* de la censure que parce que leurs auteurs y avaient glissé des adulations à l'adresse de Bonaparte, devenu le maître absolu en France.

N'est-ce pas en déposant servilement aux pieds du despote couronné leurs découvertes et leurs écrits que des savants tels que Berthollet, Fourcroy et Monge, virent s'ouvrir devant eux les voies de la célébrité et de la fortune ?

Marcoz n'avait qu'à suivre leurs traces pour arriver, comme eux, au faite de la faveur et des honneurs. Il lui aurait suffi de proposer au gouvernement impérial d'utiliser ses vastes connaissances mathématiques et scientifiques dans les opérations militaires qui faisaient toute sa force et toute sa splendeur. Peut-être aurait-il vu, en même temps que l'éclat environnant son nom, la réalisation, par sa propre initiative, de l'un de ses rêves les plus chers, celui de la création d'Ecoles d'astronomie appliquée à la marine (1).

Mais avant de s'engager dans le cortège officiel des savants que l'orgueil et l'ambition faisaient graviter autour du char de triomphe du nouveau César, il fallait oublier les motifs du sacrifice de sa position de professeur et faire amende honorable au pouvoir qu'il avait froissé. Au lieu de se donner ce démenti humiliant, il continua à résister aux séductions que le ré-

(1) C'est à la fondation d'une école de ce genre qu'il devait plus tard, dans ses dispositions testamentaires, consacrer en principe sa fortune.

gime impérial exerçait avec tant de puissance sur les esprits du monde de la science.

Aussi sa conduite le rend-il digne d'être cité, selon nous, à côté des hommes de grande intelligence dont il sembla imiter la fière attitude.

Ces hommes sont Guizot et Châteaubriand refusant de placer l'éloge de l'empereur dans leurs discours : l'un, à l'ouverture de son cours d'histoire ; l'autre, à l'occasion de sa réception à l'Académie française ; Ducis et Dellile préfèrent la liberté de l'inspiration dans la pauvreté, aux faveurs de la Cour et aux douceurs de l'existence, prix de l'encens qu'ils étaient invités à brûler sur les autels de la poésie en l'honneur du vainqueur d'Austerlitz, de Friedland et d'Iéna.

Marcoz écrivit pendant l'Empire et la Restauration les divers ouvrages sur l'astronomie qu'il livra à l'impression vingt-cinq ans après sa première publication.

Avant de faire connaitre l'importance scientifique de ces travaux, il est utile d'ajouter quelques traits au tableau que nous avons esquissé de l'existence de leur auteur. Ce sont des souvenirs recueillis auprès de ses rares contemporains, existant encore, et puisés dans sa correspondance, conservée à la bibliothèque de la ville de Chambéry.

## VII

La vie des hommes dominés par l'amour de la science est presque tout entière consacrée à leurs recherches, à leurs méditations et à leurs écrits. C'est ainsi que nous avons déjà montré celle de J.-B. Marcoz s'écouler dans sa retraite sur la colline du Petit-Barberaz. Il ne pouvait donc pas accorder une attention bien grande au spectacle des agitations de ce monde, et encore bien moins chercher à y jouer un rôle.

Au début de la Révolution, il avait accepté, sans ambition, le mandat de représentant de la Savoie dans les grandes assemblées législatives de la France.

Pendant quatre ans, il assista aux luttes lamentables de toutes les passions violentes se disputant les lambeaux d'un pouvoir souillé de sang et de boue. Il n'en fallut pas davantage pour désillusionner son âme honnête à l'égard des idées et des théories politiques nouvelles.

Aussi, est-ce avec autant d'indifférence que de tristesse qu'il vit de loin les hommes de la Révolution continuer à s'entre-détruire, l'Empire se fonder et s'écrouler, les armées étrangères fouler le sol de la France, et la Savoie, son pays, restituée au Piémont.

Cependant, les goûts de Marcoz pour les travaux intellectuels incessants ne lui faisaient pas violer entièrement les lois de la nature qui nous font chercher des distractions, et même des plaisirs, dans la société de nos semblables. Mais, sous ce rapport, il restreignit le cercle de ses relations à un groupe d'amis véritables. Le temps qu'il leur consacrait n'était pas perdu pour lui. Son cerveau, fatigué par les mouvements des idées qu'y faisaient naître les recherches et l'étude, jouissait d'un repos salutaire et profitable à ses travaux. En effet, n'est-ce pas pendant ce repos, si nécessaire aux penseurs et aux écrivains, que le grand ressort des facultés de l'intelligence reprend toute sa force et sa souplesse ?

Ce phénomène se produit surtout sous le charme de la conversation et dans l'abandon d'une correspondance intime.

Les hommes d'esprit et de savoir avec lesquels Marcoz entretenait ce commerce attrayant de l'amitié et de la confiance n'étaient pas rares à

Chambéry. Parmi eux se trouvaient naturellement ses anciens collègues à l'Ecole centrale du Mont-Blanc. Quelques-uns d'entre eux enrichirent la bibliographie savoyarde de publications littéraires et scientifiques d'un réel mérite. Aussi ne nous fera-t-on pas le reproche de sortir de notre sujet en les mentionnant ici d'une manière spéciale.

Le premier à citer est Georges-Marie Raymond, l'éminent professeur d'histoire et de géographie, chargé de la direction de l'Ecole secondaire qui succéda à l'Ecole centrale du Mont-Blanc.

Les ouvrages qu'il a publiés le placèrent au premier rang des écrivains de son temps. Les principaux ont pour titres : *De la peinture considérée dans ses influences sur les hommes de toutes classes ; Essai sur l'émulation dans l'ordre social et sur son application à l'éducation ; Métaphysique des études*, etc. Les journaux de l'époque (1) en firent les plus grands éloges.

Malheureusement, des dissentiments, nés dans l'ardeur d'une discussion, brisèrent les liens de l'amitié

(1) Tels que le *Mercure de France*, le *Magasin encyclopédique*, le *Nouvelliste littéraire*, le *Journal allemand*, cités par Grillet. *Dict. hist.*, tome II, aut. G.-M. Raymond.

et de la confraternité scientifique entre lui et Marcoz.

Deux autres hommes d'élite, avec lesquels ces mêmes liens ne firent que se resserrer jusqu'à leur mort, sont le docteur Dacquin et Anthelme Marin.

Dacquin trouva dans l'exercice de la médecine et dans les expériences chimiques, où il excellait, des sujets d'études d'un grand intérêt. Il les traite avec talent dans sa *Philosophie de la folie,* dans ses *Analyses* des eaux thermales d'Aix et des eaux ferrugineuses de la Boisse. La collaboration de Marcoz qu'il recherchait ajouta à ses *Observations météorologiques* un mérite scientifique de plus.

Marin était un botaniste et un peintre de fleurs distingué. Son herbier, composé de plantes rares étrangères et de la flore des Alpes, faisait l'admiration des connaisseurs au Musée de l'Ecole secondaire de Chambéry, à qui il en fit don. Marcoz, à l'exemple de Vichard de Saint-Réal, qui l'initia dans les connaissances d'histoire naturelle, aimait à l'accompagner et à l'aider dans ses recherches sur nos collines (1).

(1) En témoignage de reconnaissance et d'amitié, Marin accompagna plusieurs fois Marcoz à Paris, à l'occasion de l'impression de ses ouvrages sur l'astronomie.

Il faut encore mentionner ici le savant bibliophile Bise qui, après avoir occupé brillamment la chaire de professeur de belles-lettres et de langues vivantes à l'Ecole centrale, se voua à l'organisation de la bibliothèque de la ville de Chambéry. A la finesse et à la vivacité de son esprit, à la variété et à l'étendue de ses connaissances s'ajoutait le don d'un jugement droit et élevé. Ses appréciations sur les questions littéraires et scientifiques, sur les hommes et les événements de son temps étaient goûtées par tous ceux qui l'écoutaient. Aussi toutes les intelligences cultivées de la ville de Chambéry aimaient-elles à se réunir autour de lui dans sa demeure située au faubourg du Reclus (1).

C'est là que Marcoz se rendait très souvent pour secouer sa pensée des lourdeurs d'un travail absorbant.

C'est dans la maison Bise qu'il se lia d'une étroite amitié avec Molin, l'éminent jurisconsulte, au début de sa carrière d'avocat; avec Jacques Dupuis, peintre de talent, trop modeste, qui se distingua dans l'exécution des décors des théâtres de Genève, de Lausanne et de Chambéry; avec Victor Burgaz, professeur de dessin, qu'il affectionnait particulièrement et qu'il

(1) Aujourd'hui maison Carret.

devait nommer exécuteur de ses dernières volontés, et enfin avec tous les membres de ce cercle intime, voués au culte de la science, de la littérature et des arts.

## VIII

La correspondance de Marcoz témoigne de l'estime et de l'admiration que son caractère et ses travaux inspirèrent aux savants de ce temps.

Notre attention s'est particulièrement arrêtée sur deux lettres que lui adressait Antoine Métral, écrivain savoyard qui occupa un rang distingué dans la presse française sous la Restauration (1). Mais, avant d'en reproduire quelques passages, il n'est pas hors de propos de rappeler ce qu'était l'homme qui lui écrivit ; car sa mémoire, comme celle de Marcoz, est trop oubliée par ses concitoyens.

Antoine Métral était né en 1778, à la Motte-Servolex. A la suite de son cours de droit à Grenoble, il se fit recevoir membre du barreau de cette ville. Il donna bientôt des preuves d'un vrai talent en plaidant les causes

(1) Ces deux lettres font partie de la riche collection d'autographes de la bibliothèque de la ville de Chambéry.

qui lui étaient confiées (1). Peu à peu, ses goûts littéraires le détournèrent des questions de la chicane. En 1807, il publia les *Cantates de Métastase*. C'est la première traduction parue en français des œuvres de ce poète et la meilleure de toutes celles qui ont été faites après elle.

Au commencement de l'année 1814, Métral renonça définitivement à la carrière d'avocat pour se livrer tout entier aux travaux de l'homme de lettres. Il se rendit à Paris, où il resta jusqu'à sa mort, en 1839. Pendant cette période de vingt-cinq ans, il écrivit plusieurs ouvrages historiques, littéraires et d'économie politique que l'on peut encore lire et consulter avec fruit aujourd'hui. Les titres seuls de quelques-unes de ces publications révèlent l'importance des sujets qui y sont traités, tels que : *Histoire de l'expédition des Français à Saint-Domingue*, qui suivit la publication de l'*Histoire de l'insurrection des esclaves* dans cette île ; *Conjuration contre Attila dans l'ambassade des Romains, en 449 : Le Phénix ou l'Oiseau du soleil* (2).

(1) Maurice Méjan a reproduit dans les *Causes célèbres* un mémoire de Métral qui n'est pas le moins intéressant de ce vaste recueil. Il a pour titre : *Mémoire sur les naissances retardées*.

(2) On pourrait encore citer : *Défense de*

Il collaborait en même temps au *Moniteur*, à la *Revue encyclopédique*, dont il fut un des fondateurs, et au *Bulletin universel des sciences*, qui renferment un grand nombre d'articles remarquables sortis de sa plume.

Les travaux littéraires de Métral, et les succès qui les couronnaient, ne lui faisaient pas oublier la Savoie, sa patrie. Quand il en avait le loisir, il venait avec bonheur respirer l'air pur des montagnes qui le virent naître. Marcoz était, après sa famille, l'être qu'il y affectionnait le plus, et c'est avec lui qu'il aimait à passer la plus grande partie de son temps. De retour au milieu du bruit et du mouvement de la vie parisienne, sa pensée se reportait souvent sur la colline du Petit-Barberaz, ainsi que le démontrent les deux lettres dont nous avons révélé plus haut l'existence.

Dans la première, datée du 2 septembre 1818, Métral écrivait à Marcoz :

« Monsieur et estimable ami, la science souffre de votre absence. J'aimerais bien mieux vous voir occupé de l'impression de vos ouvrages que de la réparation de vos murs.

*l'article 8 de la Charte*, et *Testament de J.-J. Rousseau, trouvé à Chambéry en 1820 et publié avec sa justification envers Mme de Warens.*

« Quittez votre charmante retraite ; il est temps d'en sortir. Vous isolez trop votre génie. Paris possède l'atmosphère où il doit recevoir sa grandeur naturelle. Ne le laissez pas se consumer de son propre feu sur un rocher des Alpes. Vous qui calculez le temps, savez mieux que personne qu'il passera sans retour. Je vous garantis qu'à Paris vous y serez libre, heureux, estimé......................

« Vous êtes le seul savant... qui ne souillez pas vos talents par de lâches flatteries et de basses adulations. La bassesse déshonore et flétrit le talent, et c'est avec raison que l'opinion publique lui imprime le sceau de l'ignominie. Combien vous faites honte à toutes ces âmes de boue ! Vous êtes libre, fier et fort comme le rocher sur lequel vous vivez... ..............

« Je n'allais jamais chez vous sans me figurer que j'entrais chez un de ces savants de la Grèce. Je n'ai vu nulle part au monde un personnage si semblable à eux, dans les manières, dans les mœurs et dans les opinions. Si j'avais un reproche à vous faire, ce serait de ne pas sentir assez votre force, d'avoir trop de timidité et de vous abandonner quelquefois à des illusions que vous nourrissez avec trop d'amertume. Il faut avoir un peu plus confiance aux hommes quoiqu'ils ne valent pas grand'chose.

« Je vous remercie de ce que vous me dites d'obligeant. Plusieurs journaux de Paris ont encore fait mention de mon histoire (1) et en ont dit plus de bien qu'elle ne mérite ; car je n'en suis pas tout à fait aussi content qu'eux. Il me semble que je me serais mieux critiqué......................

« M. Dupuis, qui me rapporte de vos nouvelles, vous remettra un prospectus pour une entreprise littéraire dont il vous parlera (2). Vous pourriez, si cela vous était agréable, nous aider ; car personne n'a plus que vous de précieux matériaux sur l'antiquité (3). »

Marcoz se montra docile aux conseils que Métral lui donnait en termes si pressants au début de cette lettre. Il partit pour Paris et y fit imprimer bientôt ses *Remarques critiques sur l'histoire de l'Astronomie ancienne de*

(1) *Histoire de l'insurrection des esclaves dans le nord de Saint-Domingue*, publiée en 1818.

(2) Il s'agissait sans doute du *Phénix*, qui renferme des considérations sur l'Egypte ancienne, présentées sous une forme allégorique et mythologique.

(3) Marcoz était très versé dans les connaissances relatives aux mœurs, coutumes, sciences et religion des anciens Egyptiens.

*Delambre* (1). C'est ainsi qu'il entra dans l'arène des luttes scientifiques. Armé de toutes pièces, il attaquait ouvertement les erreurs astronomiques, acceptées, par certains savants, comme des vérités, et qu'il avait déjà combattues dans son premier ouvrage. Aussi sa nouvelle publication fut-elle accueillie par les journaux et les Revues qui en rendirent compte, avec des sentiments divers, tenant de l'étonnement et de l'admiration pour les uns, de la jalousie et de l'ignorance pour les autres.

Le *Bulletin universel des sciences* était au nombre de ces derniers.

Métral fut naturellement très mécontent de l'hostilité de la critique d'un journal qu'il soutenait de sa collaboration. A cette occasion, il écrivit à Marcoz, le 16 janvier 1820 :

« Monsieur et respectable ami....... On a rendu compte de votre ouvrage dans la section du *Bulletin* qui s'occupe de mathématiques. Le journaliste n'a pas compris la hauteur de vos vues; il a plutôt glissé sur vos sommités qu'il ne les a vues. Il prétend que ni vous, ni M. Delambre n'avez compris Ptolémée; mais il aurait au moins dû prouver qu'il l'a compris

(1) Paris 1819, Imprimerie veuve Courcier.

lui-même, et tout ce qu'il dit prouve qu'il ne l'a pas lu.

« Vous devez avoir un autre jugement dans le même journal (section d'histoire)... Cet autre jugement ne sera peut-être pas fait par quelque étourdi tel qu'on en rencontre souvent sur la route de la science...........

« J'aime à me persuader que votre santé se sera toujours améliorée dans l'air pur que vous respirez. Quant à moi, mon voyage a été assez bon, et je jouis encore de la santé que j'ai retrouvée dans vos montagnes............

« Je suis avec toute l'amitié dont vous êtes si digne,

« MÉTRAL. »

## IX

Les trois nouveaux ouvrages que Marcoz publia de 1828 à 1833 sont le résultat de recherches historiques, d'observations et de calculs mathématiques pendant une période de plus de vingt ans.

A la place d'un examen analytique complet qui excèderait les limites de ce mémoire, nous résumerons les grandes questions traitées dans chacun de ces ouvrages en citant les titres sous lesquels ils furent imprimés.

*Astronomie ancienne discutée et rétablie dans ses principaux points pour assurer les développements de l'astronomie moderne* (1).

La première partie se compose de dissertations instructives sur l'histoire de la philologie de la science astronomique ancienne ; sur les rapports d'Hipparque avec les astronomes de son temps, et sur ceux de ses prédécesseurs avec les prêtres astronomes de l'Egypte ; sur les systèmes allégoriques des anciens peuples en général et des Grecs en particulier, relativement aux déguisements de l'astronomie ; sur la valeur réelle du nombre 6 dans les calculs des anciens, et sur les multiples décennaux du nombre 5 des Egyptiens réfutés comme erronés par Hipparque, etc.

La seconde partie renferme des remarques pleines de profondeur sur les avantages et les défauts des observations des grands astronomes. L'auteur étudie et discute successivement tous leurs calculs à l'égard de la précession des équinoxes, de l'année sidérale, des époques tropiques du soleil, de l'intervalle des saisons, de l'excentricité hypothétique de l'orbite solaire, de la mesure du diamètre du

(1) 1 vol. in-8°. Paris, 1828, chez de Bure frères, libraires de la Bibliothèque Royale.

soleil et de sa distance de la terre.

Ces questions et d'autres sujets d'étude non moins importants au point de vue de la science astronomique, font la matière de quinze chapitres. Quatorze articles additionnels, où les preuves mathématiques abondent, éclairent d'un grand jour les points obscurs de la discussion.

*Astronomie solaire simplifiée fondée sur les observations de l'antiquité et du moyen-âge* (1).

C'est le plus volumineux des ouvrages publiés par Marcoz. On peut le considérer, selon nous, comme un traité des preuves de l'exclusion des variations séculaires des lieux du soleil.

Aux réfutations des fausses théories de la science moderne s'ajoutent des remarques, des comparaisons et des révisions de calculs sur les systèmes astronomiques des Chinois, des Arabes et des Grecs ; sur les époques anciennes du soleil ; sur l'accélération séculaire supposée des mouvements de la lune, réfutée par les preuves de la fausse diminution séculaire de l'orbite solaire dont Laplace la fait dépendre, etc.

L'ouvrage se termine par un résumé clair et concis des graves sujets qui y

(1) 1 vol. in-8°. Paris, 1832, chez de Bure frères.

sont traités. L'auteur y ajoute un exposé rapide des conséquences à tirer par rapport à l'état physique de magnétisme, d'électricité, de calorique et de lumière de la terre. D'après lui, cet état serait indépendant du mouvement de rotation qui emporte notre globe, avec son atmosphère et ses mers, dans l'orbite elliptique autour de l'astre principal qui en occupe l'un des foyers.

*Erreur des astronomes et des géomètres sur l'accélération séculaire de la lune* (1).

Cet ouvrage a été conçu et publié dans des circonstances qui seront relatées plus loin. Marcoz y traite, avec tous les développements qu'elle comporte, une question qu'il n'avait qu'effleurée dans l'*Astronomie solaire simplifiée*. Il s'y applique surtout à réfuter une opinion qui, pour la plupart des astronomes contemporains, paraissait avoir acquis la valeur d'un arrêt sans appel de la science.

L'accélération séculaire des mouvements de la lune était reconnue comme réelle, depuis le milieu du XVIIIe siècle, par des astronomes d'une grande réputation. Elle fut ramenée à la sanction de la théorie de l'attraction

(1) Un vol. in-8°. Paris, 1833, chez de Bure, frères.

universelle par l'explication de Laplace dans son *Exposition du système du monde*. Il ne semblait plus possible de la révoquer en doute. Admise généralement dans le monde scientifique, elle avait été adoptée, pour l'instruction de la jeunesse, dans les livres d'astronomie élémentaire.

Marcoz découvrit que les bases sur lesquelles Laplace faisait reposer cette théorie étaient complètement fausses. Il commençait à l'affirmer formellement en ces termes :

« Les éclipses de l'Almageste rapportées par Ptolémée comme étant des observations et regardées comme telles par les astronomes qui les ont fait servir à leur théorie de l'accélération séculaire de la lune, ne sont point des observations réelles. Ce sont uniquement des calculs faits par Ptolémée d'après ses tables, ainsi que je vais le prouver incontestablement. Les prétendues phases du commencement et de la fin de ces éclipses, dont il fait mention, ne sont que des conclusions qu'il a tirées des milieux d'éclipses donnés par ces mêmes tables, en se servant de leur grandeur et de leur durée supposées par lui. Toutes ces assertions sont faciles à vérifier. Elles devraient l'être depuis longtemps, surtout lorsqu'il a été question d'admettre l'accélération.

« Mais, puisque les circonstances m'ont appelé à en développer les preuves, je vais les présenter avec toute l'exactitude convenable à un sujet aussi important. »

Les vingt-quatre chapitres de son livre sont en effet consacrés à la discussion du système astronomique dont il démontre la fausseté, à refaire tous les calculs des astronomes qui en sont partisans, et à conclure à leur négation et à celles des théories qui en découlent.

## X

En acquérant l'estime des vrais savants qui apprécièrent, en les lisant, le mérite de ses ouvrages, Marcoz se vit, d'un autre côté, en bute à des critiques inspirées par l'injustice, les préjugés et l'ignorance présomptueuse.

Un esprit moins bien trempé que le sien se serait facilement découragé. Au contraire, plus les attaques dirigées contre lui étaient vives et passionnées, plus il se sentait de courage pour soutenir la lutte. Il était dominé par la conviction que ses recherches, ses observations, ses calculs et ses jugements lui donnaient le droit de dévoiler les erreurs adoptées comme des vérités dans la science astronomique.

C'est cette conviction qui lui faisait dire :

« Faire prévaloir la vérité sur les erreurs longtemps accréditées et devenues classiques, est une entreprise d'une exécution pénible et bien éloignée, en général, de concilier la bienveillance et l'estime. L'amour-propre du plus grand nombre, offensé dans la possession de son opinion, se soulève avec indignation contre celui qui lui montre que c'est une erreur, reproche sans hésiter à l'indicateur une audace téméraire, lui voue non seulement le mépris, mais encore la haine, conformément à cet adage : *Veritas odium parit*.

« Cependant, c'est avec cette perspective du résultat qu'il faut combattre les erreurs qui sont de conséquence, lorsqu'on les connait. C'est le devoir de tout ami sincère et zélé de la vérité de l'entreprendre, puisqu'il appartient à la lumière de dissiper les ténèbres, et que celui à qui la vérité vient se présenter doit se regarder comme extrêmement satisfait de la connaitre et d'avoir à la soutenir (1). »

Marcoz ne s'écarta jamais de cette règle de conduite en poursuivant l'achèvement de son œuvre ingrate. Il ne

(1) *Erreur des astronomes et des géomètres*. Préface.

tenait compte que des critiques raisonnées faites par des savants possédant parfaitement la connaissance des questions qu'ils jugeaient. Il se soumettait même docilement aux plus sévères, quand elles étaient marquées du sceau de l'impartialité. Mais il n'opposait que le silence du mépris aux critiques de mauvaise foi dirigées contre lui dans le but de flatter l'amour-propre et l'orgueil de ses adversaires. Ce mépris s'affirmait surtout à l'égard de celles qui visaient à exciter les applaudissements stupides d'une catégorie de lecteurs toujours disposés à se réjouir du mal fait à autrui par les traits acérés de la satire.

Cependant deux circonstances le firent sortir de sa réserve habituelle.

La première fois, ce fut à l'occasion des articles hostiles à son livre *Astronomie solaire d'Hipparque*, insérés dans le *Journal des Savants* (1). M. Létronne, leur auteur, s'était déjà fait connaître par de nombreux écrits sur la philologie, l'archéologie et l'histoire. La valeur que ces divers travaux littéraires ont pu paraître avoir, à l'époque de leur publication, ne les sauva pas de l'oubli où ils sont tombés aujourd'hui.

(1) Livraisons de novembre 1828 et de janvier 1829.

Cet écrivain, en rendant compte de l'œuvre de Marcoz, faisait preuve d'une grande ignorance en astronomie, ainsi que dans les connaissances qui lui sont accessoires, telles que la géométrie, l'arithmétique et la trigonométrie. Ses critiques ne pouvaient sans doute influencer que des lecteurs futiles et sans érudition; mais accueillies, comme elles l'avaient été, dans une publication périodique qui portait le titre éminent de *Journal des Savants*, elles acquéraient l'autorité d'un jugement scientifique suffisamment motivé.

Marcoz crut devoir faire appel à l'opinion publique de ce jugement par une réfutation imprimée à la suite de son *Astronomie solaire simplifiée*.

Dans cet écrit de 128 pages, un esprit railleur se révèle avec toute sa finesse et tout son mordant. Il renferme, en outre, une accumulation extraordinaire de preuves témoignant de l'incompétence de Létronne. Ce dernier est représenté comme un « agresseur aussi présomptueux qu'ignorant, mu par la malignité qui fait s'écarter sciemment un écrivain de la vérité et de la bonne foi. »

Marcoz se montra une seconde fois vivement blessé dans son amour-propre d'astronome et de mathématicien.

En 1832, il avait fait hommage d'un exemplaire de l'*Astronomie solaire simplifiée* à l'Académie des sciences de Paris, qui lui fit connaître que M. Damoiseau, l'un de ses membres, était chargé d'en faire l'objet d'un rapport.

Cet académicien était un des plus fervents disciples de Laplace et un chaud défenseur, dans ses écrits, des théories du célèbre géomètre, réfutées par Marcoz. C'est à ce titre que l'Académie elle-même lui avait décerné un prix d'astronomie. Il devait être par conséquent le juge le moins bien disposé à examiner l'ouvrage en question sans parti-pris d'avance de le condamner.

Marcoz, étonné du choix d'un tel rapporteur, eut ainsi lieu de modifier l'idée qu'il s'était faite de trouver dans le sein de la docte assemblée des hommes impartiaux et sans préventions contre lui. Aussi est-ce avec anxiété qu'il calcula le temps nécessaire à la rédaction du rapport qui devait le concerner. Il comptait en avoir bientôt connaissance, soit par une communication directe, soit par la lecture du *Moniteur* où étaient insérés ordinairement les comptes-rendus des travaux de l'Académie des sciences.

Après avoir attendu vainement pendant plusieurs mois, il se persuada que ce rapport était resté verbal et qu'il ne serait pas publié. Il eut dès lors plus de raisons encore de se récrier contre la nomination de M. Damoiseau dont le travail, demeurant inédit, échappait à toute réplique. Les sections de l'Académie qui n'étaient pas instruites des questions d'astronomie, surtout de celles qui sont relatives à l'astronomie ancienne, pouvaient être ainsi librement induites en erreur.

Dans cette occurrence, il convenait d'éclairer les académiciens qui auraient entendu la lecture du rapport, indubitablement défavorable au contradicteur des théories de Laplace dans son *Exposition du système du monde*. Il s'agissait aussi de prévenir l'effet que ce rapport pourrait produire en dehors de l'enceinte de l'Académie, s'il était tôt ou tard publié.

En conséquence, Marcoz se prépara à appuyer de nouvelles preuves les considérations de l'*Astronomie solaire simplifiée* et à développer les théories qui n'y étaient qu'ébauchées. Il se plaça en même temps sur le terrain de l'offensive. Ainsi il chercha dans les écrits de M. Damoiseau et des autres partisans de Laplace, qui ne pouvaient être que des adversaires pour lui, des points vulnérables pour diriger ses attaques. Parvenir à infirmer leurs prétentions à l'infaillibilité scientifique, c'était fortifier la défense de ses propres théories.

C'est dans ces dispositions qu'il écrivit et publia l'ouvrage intitulé : *Erreur des astronomes et des géomètres sur l'accélération séculaire de la lune.*

L'académicien Damoiseau et les critiques qui lui étaient systématiquement hostiles ne trouvèrent aucune objection à opposer à son argumentation et aux nouvelles preuves des erreurs de Laplace. Le silence qu'ils gardèrent put être considéré comme leur condamnation.

## XI

Lorsque Marcoz fit imprimer, en 1833, son dernier ouvrage, il touchait aux années de la vieillesse. Son esprit n'en avait pas moins conservé toute sa vigueur et sa lucidité. Mais son corps avait perdu la solidité physique nécessaire pour supporter, sans que sa santé s'en ressentit, de nombreux et récents voyages à Paris.

A ces fatigues s'étaient ajoutés les embarras de toute sorte et les mille soucis qui s'attachent à un écrivain quand ses travaux sont sous presse.

Au commencement de l'année 1834, les germes d'une maladie cruelle (1) qu'il avait combattus jusqu'alors avec succès, se développèrent tout à coup avec une rapidité inquiétante. Bientôt Marcoz sentit que les forces n'étaient plus à la hauteur de son courage et qu'elles le trahissaient dans la lutte. Dès cet instant, et à l'exemple des anciens sages de la Grèce, à qui Métral l'avait comparé, il se soumit stoïquement au sacrifice de la vie.

Sa seule consolation était de pouvoir encore se traîner, pour y passer de longues heures, jusqu'au pavillon qui lui avait servi d'observatoire.

C'était le point par lequel son âme se sentait encore attachée à la terre, et où il aurait désiré que sa dépouille mortelle fut déposée.

C'est de là qu'il se livra à ses dernières contemplations des corps célestes, spectacle infini dont il avait étudié pendant si longtemps la divine et mystérieuse mise en scène.

C'est de là aussi qu'il cherchait à oublier le monde et à endormir ses souffrances en écoutant les chants d'adoration et de louanges à Dieu, créateur de ces merveilles, retentissant sous les voûtes de la petite église

(1) Affection de la vessie, désignée sous le nom de maladie de la pierre.

paroissiale qui s'élevait à quelques pas de lui. Les fidèles pouvaient le voir alors dans l'attitude d'un homme dominé par un sentiment de profonde reconnaissance qui s'unissait à leurs prières.

Ce sentiment est celui qu'il exprima avec effusion en tête de son testament écrit trois mois avant sa mort.

Quoiqu'il eût perdu tout espoir de guérison, Marcoz ne se montrait pas moins docile aux ordonnances du docteur Gotteland, son médecin et l'un de ses meilleurs amis. D'après son conseil, il se rendit à Lyon, accompagné de l'avocat Molin, pour y subir une opération, la seule capable de le sauver.

L'insuccès de cette opération douloureuse acheva d'épuiser ses forces. Il succomba le 5 novembre 1834, dans une chambre de l'hôtel Bayard, où il était descendu.

*
* *

Marcoz fut inhumé au cimetière de Loyasse.

Des recherches faites en 1877 et 1878 pour découvrir la place où il repose sont demeurées infructueuses.

M. Pierre Lachenal, informé de l'existence d'un masque coulé sur son visage après sa mort, en fit l'acquisition au nom de la Chambre syndicale des entrepreneurs de Chambéry, moyennant la somme de 300 francs.

C'est le modèle qui a servi pour l'exécution du magnifique buste que l'on remarque aujourd'hui dans la grande salle de lecture de la bibliothèque de Chambéry (1).

(1) Un autre buste, inauguré le 3 novembre 1890, à l'ouverture des cours de l'Ecole préparatoire à l'enseignement supérieur, est le don de M. Vallet, sculpteur, en prenant sa retraite de professeur de stéréotomie.

## APPENDICE

Par son testament en date du 26 août 1834, J.-B. Marcoz instituait la ville de Chambéry héritière de ses biens-fonds situés au Petit-Barberaz et consistant en terrains, d'une contenance de vingt-huit journaux, et d'une maison d'habitation (1).

Les revenus devaient être affectés à la fondation d'une Ecole théorique d'application de l'astronomie à la marine marchande.

Dans le cas où la création de cette institution rencontrerait des difficultés, les Syndics avaient la faculté de lui substituer une Ecole de dessin linéaire appliquée aux arts et métiers.

Marcoz disposait de sa riche bibliothèque, composée de nombreux ouvrages d'astronomie, de théologie, de médecine, de législation, de littérature, d'histoire, de voyages et de manuscrits, en faveur de l'Ecole fondée par sa libéralité et de la bibliothèque publique de Chambéry. Il en avait excepté les livres légués à son frère Pierre-Antoine Marcoz, cha-

(1) La vente à la famille Burdin rapporta 70,000 francs à la ville de Chambéry.

noine à Saint-Jean de Maurienne, et à ses meilleurs amis.

Antoine Métral héritait particulièrement de tous les volumes in-folio de la *Grande description de l'Egypte*, ainsi que de toutes les magnifiques estampes d'antiquités égyptiennes.

Les dispositions du testament de Marcoz, qui intéressaient spécialement la ville de Chambéry, furent connues des habitants vers le milieu de l'année suivante par un article inséré dans le *Journal de Savoie* (1).

Cette feuille annonçait, en outre, que le roi Charles-Albert, par Lettres-patentes du 12 mai 1835, autorisait les Syndics à accepter l'héritage de Marcoz et la substitution à l'Ecole théorique d'astronomie d'une école de dessin linéaire appliqué aux arts et métiers.

L'inauguration des cours eut lieu en 1838.

Conformément à la volonté du testateur, la chaire du premier professeur fur réservée à M. Victor Burgaz, qui l'occupa jusqu'à sa mort en 1841.

Depuis cette époque, jusqu'en 1854, cette Ecole éprouva de grandes vicissitudes par suite de l'imperfection de son règlement primitif et de son isolement des autres établissements d'instruction publique.

(1) Numéro du 6 juin 1835.

Fermée pendant un an, elle fut rouverte en 1842, sous la direction provisoire des Frères de la Doctrine chrétienne.

En 1847, une partie des revenus de la fondation Marcoz fut affectée à un cours d'appareillage et d'épure, indépendant des cours de l'Ecole de dessin linéaire, jusqu'à l'époque de leur fusion avec ceux d'une Ecole technique de chimie et de mécanique appliquée aux arts.

Cette Ecole fut instituée par décret royal en date du 21 octobre 1850 (1).

Le projet de la fusion, mis à l'étude au commencement de l'année 1853, donna lieu à de longues et vives discussions au sein du Conseil municipal de Chambéry. La question d'en revenir à la disposition testamentaire primitive de Marcoz, pour la création d'une Ecole d'astronomie, y fut même agitée. Mais le projet présenté triompha de toutes les oppositions.

(1) Les professeurs nommés furent MM. Bebert pour la chimie, et le chanoine Chamousset pour la mécanique, avec les charges de directeur de l'Ecole.

Ce dernier se dévoua en outre, en 1852, à un cours de physique créé dans le même local, pour l'instruction théorique de trente-six jeunes gens du pays qui se préparaient à entrer dans la nouvelle administration du Télégraphe électrique.

En conséquence, dans les séances des 13 et 14 janvier 1853, le Conseil municipal discuta et adopta successivement les quinze articles d'un règlement des deux Ecoles de dessin linéaire et d'appareillage réunies.

Ce règlement fut mis en vigueur dès le commencement de l'année scolaire 1854-55. Il déterminait les conditions d'admission aux cours, les connaissances théoriques et pratiques qui y étaient enseignées, la durée des classes et l'obligation pour les élèves de suivre les cours de chimie et de mécanique. Trois professeurs étaient chargés de l'enseignement : deux pour le dessin et un pour l'appareillage et l'épure (1).

Cette organisation dura jusqu'en 1860, époque de l'annexion de la Savoie à la France.

L'année suivante, le gouvernement institua à Chambéry une Ecole préparatoire à l'enseignement supérieur des lettres et des sciences.

(1) Par délibération du 4 octobre 1854, le Conseil municipal de Chambéry nomma professeurs de dessin MM. Revel, architecte, et Rabut, peintre, qui commencèrent leurs cours le 2 novembre.

M. Vallet, sculpteur, professeur d'appareillage et d'épure depuis l'année 1847, fut maintenu à ce titre dans la nouvelle organisation de l'Ecole fondée par Marcoz.

Par un accord entre le ministre de l'instruction publique et l'administration municipale, les cours de cette Ecole comprirent ceux qui avaient été spécialement soutenus par la fondation Marcoz, sous les noms de cours de dessin, de modelage et de stéréotomie.

Malgré ses vicissitudes, la fondation Marcoz n'a pas cessé, depuis 1838, de rendre de grands services à la ville de Chambéry et à la Savoie.

Elle a procuré, et elle procure encore aujourd'hui, aux jeunes gens qui se destinent aux arts et aux métiers de la construction, les moyens d'acquérir les connaissances théoriques qui leur sont nécessaires.

Elle a ouvert en même temps les voies des hautes études artistiques à ceux qui se vouent à la peinture, à la sculpture et à l'architecture.

Nous pourrions citer un grand nombre d'élèves de l'Ecole Marcoz qui, grâce à cette institution, jouissent d'une honorable notoriété dans ces trois branches d'instruction.

*
* *

En terminant cette notice, où nous avons rappelé les titres à l'illustration et à la reconnaissance publique d'un éminent Savoyard, nous exprimons un vœu auquel s'associeront sans doute tous les habitants de Chambéry :

Que le nom de Marcoz soit donné à une des places ou à une des rues de la ville qu'il a généreusement dotée en mourant.

Louis BERTHET.

CHAMBÉRY. — IMPRIMERIE SAVOISIENNE.

www.ingramcontent.com/pod-product-compliance
Ingram Content Group UK Ltd.
Pitfield, Milton Keynes, MK11 3LW, UK
UKHW020430180726
13839UKWH00003B/1415